CATALOGUE

DES

OBJETS D'ART

Faïences de Rouen et autres ; Porcelaines ;
Bronzes ; Meubles en bois sculpté des XVIe et XVIIe siècles ;
Siéges couverts en tapisserie au petit point ; Pendules du temps de Louis XIV ;
Beau Baromètre Louis XVI en bois sculpté et doré ;
Glaces et Miroirs ; Dessins ; Ustensiles d'ateliers ; Costumes et Étoffes ;

TAPISSERIES ET CHEMINÉES

DONT LA VENTE AURA LIEU

En partie

PAR SUITE DU DÉCÈS DE M. LACOUR

HOTEL DROUOT, SALLE N° 2

Le Vendredi 20 Février 1874,

A DEUX HEURES.

Par le ministère de Me CHARLES PILLET, Commissaire-Priseur,
10, rue de la Grange-Batelière,

Assisté de M. CHARLES MANNHEIM, Expert, 7, rue Saint-Georges

Chez lesquels se distribue le présent Catalogue.

EXPOSITIONS
  PARTICULIÈRE : Le Mercredi 18 Février 1874.
  PUBLIQUE : Le Jeudi 19 Février 1874,
DE UNE HEURE A CINQ HEURES.

CONDITIONS DE LA VENTE

Elle sera faite au comptant.

Les acquéreurs payeront, en sus des adjudications, *cinq pour cent* applicables aux frais,

L'exposition mettant le public à même de se rendre compte de l'état des objets, il ne sera admis aucune réclamation une fois l'adjudication prononcée.

PARIS. — Imprimerie PILLET FILS AÎNÉ, rue des Grands-Augustins, 5.

OBJETS D'ART

ET DE CURIOSITÉ

Dépendant de la Succession de M. LACOUR

ET

TAPISSERIES

Dépendant de la Succession de M. ***

EXPOSITIONS :

PARTICULIÈRE	PUBLIQUE
Le Mercredi 18 Février 1874.	*Le Jeudi 19 Février 1874.*

Mᵉ CHARLES PILLET,	M. CHARLES MANNHEIM,
Commissaire-Priseur,	**Expert**
10, rue de la Grange-Batelière.	7, rue Saint-Georges.

DÉSIGNATION DES OBJETS

MEUBLES

1 — Joli meuble à deux corps de forme monumentale, à portes et tiroirs, en bois sculpté, à figures et ornements, et enrichi de fleurs et d'oiseaux incrustés en bois de couleurs ainsi que de plaques de marbre. Le corps supérieur, orné de colonnettes détachées, est surmonté d'un fronton découpé. xvıᵉ siècle.

2 — Joli meuble à deux corps, incrusté d'ivoire et décoré de fleurs et d'oiseaux. Le corps supérieur ferme à deux portes séparées par un entre-deux orné d'incrustations. Le corps inférieur se compose de quatre colonnes surmontées par un rang de tiroirs, et reliées par divers motifs en bois sculpté.

3 — Petite crédence en bois sculpté, fermant à deux portes, et supportée par une table à pieds cannelés. Elle est en bois sculpté, et décorée de cariatides et d'ornements. xvıᵉ siècle.

4 — Beau fauteuil en bois sculpté, doré, et peint en noir à décor d'or, recouvert de brocatelle de soie à fond rouge. — Les pieds de devant offrent sur leur face des bustes de négresses. Époque Louis XIV.

5 — Grand fauteuil Louis XIII en bois sculpté, recouvert de tapisserie à la main, à fleurs sur fond jaune.

6 — Autre grand fauteuil Louis XIV en bois sculpté et doré avec entre-jambes à X, recouvert de tapisserie au petit point à fleurs et ornements.

7 — Fauteuil Louis XIII en bois sculpté, à pieds et entre-jambes tournés, recouvert de tapisserie à ornements sur fond jaune.

8 — Deux chaises à dossiers élevés, à pieds sculptés, et recouvertes de tapisserie à la main, à fleurs et ornements.

9 — Tabouret à quatre pieds du temps de Louis XIV, en bois sculpté, couvert en tapisserie à la main, à fleurs, ornements et oiseaux.

10 — Autre tabouret en bois sculpté de même époque, couvert en tapisserie au petit point, à fond noir.

11 — Jolie pendule de forme dite religieuse, en marqueterie des trois parties, cuivre, étain et écaille, garnie de bronzes. Mouvement de Masurier, à Paris. Époque Louis XIII.

12 — Joli coffre du temps de Louis XIII, en bois gravé à
fleurs et animaux; la garniture est en cuivre repoussé
à fleurs et il repose sur une petite table en bois
sculpté.

13 — Joli petit miroir biseauté avec cadre à fronton en
marqueterie de cuivre et écaille de l'Inde, garni de
mascaron et ornements en bronze doré. Époque
Louis XIV.

14 — Trois chaises à dossiers élevés en bois sculpté, cou-
vertes de cuir gaufré à vases de fleurs et figures, et
garnies de forts clous à têtes en cuivre poli.

15 — Deux chaises de même travail que celles qui pré-
cèdent.

16 — Banc d'église en bois sculpté, décoré de panneaux
gothiques dont deux portent les armes de France. Il
est surmonté de deux dragons ailés assis à ses
extrémités.

17 — Fauteuil en bois sculpté couvert de tapisserie au petit point. Époque Louis XV.

18 — Petite console Louis XVI à côtés cintrés en bois
d'acajou, à moulures et galerie en bronze doré et à
dessus de marbre blanc.

19 — Bureau à cylindre en bois d'acajou garni de moulures
en cuivre poli. Époque Louis XVI.

20 — Table en bois sculpté à deux piliers formés par des cariatides et reliés par un motif d'architecture. Époque de la Renaissance.

21 — Joli petit meuble du xvie siècle, à deux corps, en bois de noyer sculpté à ornements.

22 — Meuble analogue à celui qui précède, mais de travail moderne.

23 — Table en chêne sculpté sur pieds à colonnes torses.

24 — Glace à biseaux dans un cadre à fronton en écaille et cuivre repoussé à fleurs et ornements. Époque Louis XIII.

25 — Glace à biseaux dans un cadre à enroulements en bois sculpté et doré.

26 — Glace en largeur à biseaux avec cadre en bois sculpté et doré. Époque Louis XVI.

27 — Jolie pendule du temps de Louis XIV, en marque-terie d'écaille et cuivre, garnie de bronze. Mouvement de *Gaudron, à Paris*.

28 — Deux petites glaces-appliques en bois sculpté et doré avec branches porte-lumières en bronze.

29 — Lit Louis XVI en bois sculpté et peint en blanc, cou-vert en toile perse.

30 — Beau baromètre du temps de Louis XVI en bois sculpté et doré, décoré de branches de laurier et de fleurs.

31 — Jolie console du temps de Louis XIV, en bois sculpté et doré et à dessus de marbre griotte.

32 — Pupitre en laque noir à décor d'or et couleurs, garni d'ornements en cuivre gravé et doré.

33 — Deux petites chaises Louis XVI en bois sculpté et peint en blanc et à dossier forme lyre.

34 — Deux petites consoles à volutes en bois sculpté et doré.

35 — Deux autres consoles du temps de Louis XV.

36 — Deux consoles dorées de style Louis XIV.

37 — Diverses glaces avec cadres qui seront vendues séparément.

38 — Secrétaire en bois d'acajou à filets de cuivre. Époque Louis XVI.

39 — Trumeau de glace avec cadre en bois sculpté et doré. Époque Louis XV.

40 — Meuble Louis XVI, composé de : un très-beau lit bois sculpté, un canapé, six fauteuils et chaise longue.

BRONZES

41 — Grand cartel Louis XVI en bronze, à mascarons, rubans et festons de lauriers.

42 — Deux bras-appliques à deux lumières en bronze, du temps de la Régence.

43 — Deux autres bras du temps de Louis XVI, à deux lumières, en bronze, surmontés de vases.

44 — Deux chenets du temps de Louis XVI, en bronze modèle à vases et galeries découpées à jour.

45 — Deux bras-appliques à une lumière en bronze ciselé à ornements rocaille. Époque Louis XV.

46 — Lustre flamand en cuivre à douze lumières, orné de fleurons découpés.

47 — Miroir rectangulaire avec cadre en cuivre. Époque Louis XIII.

FAIENCES DE ROUEN

48 — Grand plateau oblong à angles coupés en ancienne faïence de Rouen, décor polychrome à ornements et festons de fleurs.

49 — Deux jolies petites jardinières-appliques de forme cintrée, à côtes et à deux anses mascarons, en ancienne faïence de Sinceny, décor polychrome à fleurs et ornements.

50 — Grand vase en forme de bouteille à pans en ancienne
faïence de Rouen, décoré d'ornements en camaïeu
bleu.

51 — Plateau octogone sur piédouche en ancienne faïence
de Rouen, décor en camaïeu bleu à ornements fleuron-
nés au bord et cygne au centre.

52 — Compotier rond à bord festonné et à côtes, de même
faïence et de décor analogue. Le centre offre un écus-
son armorié.

53 — Deux jolies assiettes en ancienne faïence de Rouen,
décor polychrome. Au centre, une corbeille de fleurs,
au bord, ornements, quadrillages et festons de fleurs.

54 — Theière et son plateau en ancienne faïence de
Rouen, à décors de fleurs et d'ornements en camaïeu
bleu.

55 — Sucrier à saupoudrer, de forme droite, à couvercle
dômé, décor en camaïeu bleu à fleurs et ornements.

56 — Moutardier en ancienne faïence de Rouen, décor
polychrome à festons de fleurs et ornements.

57 — Beau pied de croix en ancienne faïence de Rouen,
à corbeilles de fleurs et ornements en bleu et rouge.

58 — Petite jardinière de forme cintrée à côtes en ancienne faïence de Rouen, décorée d'ornements en bleu
et rouge.

PORCELAINES & FAIENCES

59 — Grand et beau cornet en ancienne porcelaine de Chine à décor en camaïeu bleu.

60 — Deux lampes en porcelaine du Japon montées en bronze.

61 — Deux cornets à pans en faïence de Delft à décor en camaïeu bleu.

62 — Deux flambeaux en faïence de Marseille, décorés de fleurs.

63 — Deux vases en faïence de Trévise, à deux anses têtes égyptiennes et décorés de fleurs et d'ornements.

64 — Plat à barbe en faïence de Castelli, décoré d'une figure de fleuve.

65 — Cruche en grès de Flandres, à décor émaillé bleu sur fond gris.

66 — Deux vases en forme de bouteille en ancienne faïence de Delft, à décor en camaïeu bleu.

67 — Boîte ronde en porcelaine du Japon à trois compartiments à décor en camaïeu bleu.

68 — Six tasses avec soucoupes et un gobelet en porcelaine du Japon à décor émaillé en couleurs.

69 — Grand plat rond en porcelaine du Japon à décor en camaïeu bleu.

70 — Autre plat en porcelaine du Japon, mais plus petit.

71 — Gourde en faïence de Delft à sujets chinois en bleu et manganèse.

72 — Deux cache-pots en porcelaine du Japon à décor de dragons en camaïeu bleu.

73 — Deux vases en forme de bouteille à deux anses, décorés de fleurs en camaïeu bleu.

74 — Deux petits vases cylindriques et deux cornets avec soucoupes en porcelaine du Japon.

75 — Deux petits cornets en ancienne porcelaine de Chine, décorés de lambrequins en camaïeu bleu.

76 — Porte-fleurs de forme évasée et plate en faïence de Delft à décor d'ornements en camaïeu bleu.

77 — Deux vases à deux anses en faïence de Trévise, décorés d'ornements et de mascarons.

78 — Potiche à couvercle en faïence de Delft décorée de fleurs en camaïeu bleu.

79 — Cruche en grès de Flandres à figures et ornements émaillés gris sur fond bleu.

79 *bis* — Cinquante-deux assiettes ancienne porcelaine de Chantilly, décorées de fleurettes en camaïeu bleu. Ce lot sera divisé.

OBJETS VARIÉS

80 — Grand groupe en bois sculpté composé de trois figures : le Couronnement de la Vierge. XVIᵉ siècle.

81 — Petit couteau-yatagan à fourreau en argent repoussé à fleurs et à manche en argent niellé.

82 — Bassin persan en cuivre gravé à ornements et inscriptions.

83 — Hanap en cuivre poli à anse à enroulements.

84 — Deux flambeaux en argent du temps de Louis XIV.

85 — Mannequin articulé garni en soie.

85 bis — Divers ustensiles d'atelier, tels que : chevalets de peintre et de dessinateur sur pierre, etc.

86 — *Les Artistes contemporains.* Environ cent cinquante lithographies reproduisant les œuvres d'artistes célèbres.

87 — *Le Musée universel,* par Édouard Lièvre, avec le concours des artistes et des écrivains les plus distingués. Paris, 1858 à 1861.

88 — *Les Fables de La Fontaine,* avec les dessins de Gustave Doré. Paris, 1868. In-folio, relié.

DESSINS & TABLEAUX

89-94 — Douze jolis dessins aux crayons noir et rouge et
à l'encre de Chine, des écoles italienne et hollandaise.
Ce lot sera divisé.

95 — Vue de l'Arc de Vespasien. Dessin à l'aquarelle
par Nicole.

96 — Paysage. Etude peinte par Feyen.

97 — Tête de jeune fille. Étude, dans un cadre ancien en
bois sculpté et doré.

98 — Joli dessin par Wille. Portrait de femme.

99 — Dessin au crayon rouge par Boucher. Vénus et
amours.

ÉTOFFES

100-105 — Fort lot d'étoffes anciennes, coussins, robes,
costumes divers. Ce lot sera divisé.

106-108 — Trois tapis de Perse, très-anciens, qui seront
vendus séparément.

109 — Trois coussins couverts de tapisserie au petit point
à sujets religieux et fleurs. Époque Louis XIII.

110 — Petite tapisserie verdure.

TAPISSERIES

111 — Suite de sept tapisseries : . paysages, arbustes, fleurs, animaux et bordures d'ornements.

Hauteur, 2 m. 70;	largeur,	5 m.	»
—	2 m. 70;	—	5 m.	»
—	2 m. 70:	—	4 m.	50
—	2 m. 70;	—	4 m.	05
—	2 m. 70;	—	1 m.	65
—	2 m. 70;	—	2 m.	70
Panneau			0 m.	60

112 — Suite de quatre panneaux, sujets pastoraux à personnages Louis XV.

Hauteur, 2 m. 70;	largeur,	4 m.	»
—	2 m. 70;	—	1 m.	95
—	2 m. 70;	—	1 m.	20
—	2 m. 70;	—	2 m.	10

CHEMINÉES

113-114 — Deux grandes et belles cheminées en marbre sculpté du temps de Louis XV. Elles seront vendues séparément.